BEI GRIN MACHT SICH IHR WISSEN BEZAHLT

AF151822

- Wir veröffentlichen Ihre Hausarbeit,
  Bachelor- und Masterarbeit

- Ihr eigenes eBook und Buch -
  weltweit in allen wichtigen Shops

- Verdienen Sie an jedem Verkauf

**Jetzt bei www.GRIN.com hochladen
und kostenlos publizieren**

Saskia Jasmin Heinzel

Fernsehfilm "Schicksalsjahre": Ein Versuch, dem Zuschauer Historisches emotional zu vermitteln

GRIN Verlag

Bibliografische Information der Deutschen Nationalbibliothek:

Die Deutsche Bibliothek verzeichnet diese Publikation in der Deutschen National-
bibliografie; detaillierte bibliografische Daten sind im Internet über http://dnb.d-
nb.de/ abrufbar.

Impressum:

Copyright © 2011 GRIN Verlag GmbH
Druck und Bindung: Books on Demand GmbH, Norderstedt Germany
ISBN: 978-3-656-49739-4

Dieses Buch bei GRIN:

http://www.grin.com/de/e-book/232429/fernsehfilm-schicksalsjahre-ein-versuch-
dem-zuschauer-historisches

GRIN - Your knowledge has value

Der GRIN Verlag publiziert seit 1998 wissenschaftliche Arbeiten von Studenten, Hochschullehrern und anderen Akademikern als eBook und gedrucktes Buch. Die Verlagswebsite www.grin.com ist die ideale Plattform zur Veröffentlichung von Hausarbeiten, Abschlussarbeiten, wissenschaftlichen Aufsätzen, Dissertationen und Fachbüchern.

Besuchen Sie uns im Internet:

http://www.grin.com/

http://www.facebook.com/grincom

http://www.twitter.com/grin_com

„Schicksalsjahre" – der Versuch, dem Zuschauer Historisches emotional zu vermitteln.

Eberhard – Karls – Universität

Institut für Medienwissenschaft

Wintersemester 2010/2011

Ringvorlesung Bild – Sprachen

Saskia Jasmin Heinzel

Medienwissenschaft / Anglistik (5. Fachsemester)

Inhaltsverzeichnis

1. Eine von vielen, die keiner kennt

„Das beste Schokoladeneis der Stadt. Sag ich jedem, der's nicht hören will."[1] Schon der erste Satz den Ursula Heye im Event – Zweiteiler *„Schicksalsjahre"* der Produktionsgesellschaft TeamWorx spricht, lässt erahnen, dass diese Frau im Mainz der späten fünfziger Jahre kein einfaches Leben hatte. Ihre Mimik unterstreicht diese Vermutung und setzt die Grundstimmung der weiteren filmischen Handlung fest, die sich dem Zuschauer im weiteren Verlauf schleichend als immer deprimierender und verzweifelter werdend herausstellt. Der Film spielt mit großen Gefühlen, der Darstellung der deutschen Geschichte und den Einzelschicksalen, die sich hinter der Zeit des Zweiten Weltkrieges und des anschließenden Wiederaufbaus verbergen. Es wird versucht, eine Geschichte zu erzählen, die nicht von Menschen handelt, deren Namen keiner mehr kennt, „sondern um Namen, die keiner je kannte."[2] Umgesetzt wird dieses Konzept durch den Aufbau einer starken emotionalen Bindung zur Protagonistin Ursula Heye, die gerade dadurch an Glaubwürdigkeit gewinnt, jedem unbekannt und doch vertraut zu sein, da es nicht schwerfällt, sich in sie hineinzuversetzen, um eine Ahnung davon zu bekommen, wie sie sich gefühlt haben muss. Die Intensität der Darstellung wird vor allem dadurch erreicht, dass eine deutsche Frau als Opfer und gleichzeitig tragische Heldin des zweiten Weltkrieges inszeniert wird, um eine positive nationale Identität bei den Deutschen zu kreieren und ein Stück weit Vergangenheitsunterdrückung zu betreiben und eben jene mit positiven Gedanken zu schönen und aufzuzeigen, dass auch das deutsche Volk im Krieg Opfer war und nicht immer Täter[3]. Es stellt sich nun die Frage, ob die Emotionalisierung im Film funktioniert, um den Zuschauern Historisches zugänglich zu machen.

---

[1] „Schicksalsjahre" (2009). Miguel Alexandre.TeamWorx.   00:00:39
[2] von Festenberg, Nikolaus. Von wegen kühl, blond und spröde! Spiegel Online am 12.02.2011.
http://www.spiegel.de/kultur/tv/0,1518,744763,00.html
[3] Hochscherf, Tobias (Prof. Dr.). Wenn Heino Ferch und Bettina Zimmermann Deutschland retten: Eventfilme und Gründungsmythen im deutschen Fernsehen. Vortragsreihe: Bild-Sprachen. 28.10.2010.

2. Vom Schicksal gebeutelt

Der Event-Zweiteiler verarbeitet in knapp drei Stunden die zwanzig „Schicksalsjahre" der Ursula Heye, Mutter des ehemaligen Regierungssprechers Uwe-Karsten Heye auf dessen Familienerinnerungen „Vom Glück nur ein Schatten" der Film basiert[4]. Er erzählt von ihrer großen Liebe zu Wolfgang Heye, einem Opernsänger, den sie vor Kriegsbeginn im Jahr 1936 in einem Varieté kennenlernt. Nachdem sie geheiratet und eine Familie gegründet haben, findet das kurze Glück ein jähes Ende: Wolfgang muss zur Wehrmacht. Für Ursula folgen schwierige Jahre, denn „[e]in Nackenschlag nach dem anderen fährt [nun] auf [Ursula] hernieder. Desertation des Ehemannes. Inhaftierung des Vaters. Fluchtplan nach Schweden [zusammen mit Wolfgang, nachdem dieser aus dem Zuchthaus entlassen wurde]. Tod des Bruders. Konfiskation des Elternhauses. [Zwangs]Scheidung vom Ehemann. Nachricht von seinem Tod"[5]. Jahre später dann der Anruf einer Frau, die Ursula sagt, dass Wolfgang in Stuttgart lebt. Und mit diesem Anruf, der Ursulas Welt ins Wanken bringt, beginnt der Film.

3. Dramaturgie und Aufbau in „Schicksalsjahre"

Der Film basiert nicht auf einer linearen Erzählweise, sondern bewegt sich auf verschiedenen Zeitebenen. Die Exposition spielt 1957 in Mainz. Durch den Anruf der Frau wird Ursula Heye allerdings in ihre eigene Vergangenheit zurückkatapultiert und erinnert sich an Schicksalsmomente ihres Lebens. Diese Rückblenden beginnen im Jahr 1936 und enden in der Zeit des Wiederaufbaus. Allerdings sind die Rückblenden chronologisch angeordnet, sodass der Zuschauer der Handlung gut folgen kann. Da im Film über die Rückblenden eben nur jene Schicksalsmomente gezeigt werden, die teilweise zwei oder mehrere Jahre auseinander liegen, entsteht der Eindruck, dass Ursula Heye niemals zur Ruhe kommen kann und das Schicksal ihr innerhalb kurzer Zeit immer wieder neue Bürden auferlegt, mit denen sie zurechtkommen muss. Durch diese Zeitraffung findet eine starke Emotionalisierung, die Identifikation beim Publikum schafft, statt. Umrahmt wird der erste Teil des Zweiteilers von Ursulas Zeit in Mainz in der Filmgegenwart, in der gezeigt wird, wie sie ihren Tag verbringt, nachdem sie den hoffnungsvollen Anruf erhalten hat. Da in der erzählten Vergangenheit über

---

[4] Pelzer, Elena. Krieg und Chaos, Make-up und Strähnchen. Stern.de am 14.02.2011.
http://www.stern.de/kultur/tv/schicksalsjahre-mit-furtwaengler-krieg-und-chaos-make-up-und-straehnchen-1653921.html
[5] Thiel, Thomas. Aus dem Leben einer Unentwegten. Faz.net am 13.02.2011.
http://www.faz.net/s/Rub475F682E3FC24868A8A5276D4FB916D7/Doc~EA20409C0580545F6A7B5584A552 65EB9~ATpl~Ecommon~Scontent.html

kurze Zeit viele Jahre gezeigt werden und in der filmischen Gegenwart nur ein einziger Tag, bekommt der Zuschauer unterschwellig mitgeteilt, dass die Vergangenheit für Ursula Heye zur übermächtigen Erinnerung geworden ist, die die filmische Gegenwart auf das mindeste reduziert und Ursula in der Realität 1957 erstarren lässt. Denn auch an diesem Tag fällt sie nicht nur gedanklich in die Vergangenheit zurück, sondern holt alte Erinnerungen wieder hervor, wie zum Beispiel ihr Hochzeitsalbum, bei dessen Anblick sie in Tränen ausbricht.[6] Auch die farbliche Gestaltung des Films spielt hierbei eine wichtige Rolle. Dazu jedoch später mehr. Gegenwart und Vergangenheit sind in *„Schicksalsjahre"* sehr eng miteinander verknüpft. So befiehlt die Angestellte, die den Tod Wolfgangs verkündet, Ursula ein Glas Wasser zu bringen. Danach folgt ein Schnitt auf die filmische Gegenwart in der sie ein Glas Wasser an die Lippen setzt und trinkt.[7] Umgesetzt wird der Film durch klassisches Handwerkszeug der Filmemacher. So wird die Vergangenheitsebene beispielsweise durch einen Zoom auf die Augen eingeleitet[8] und die letzte Einstellung des Films zeigt Ursula in einer Naheinstellung, die mit einem standesgemäßem Cliffhanger[9], wie man ihn aus diversen Seifenopern des deutschen Fernsehens kennt, um das Publikum auch für den zweiten Teil begeistern und halten zu können, kombiniert wird.

4. Farbliche Gestaltung und deren Bedeutung für die Emotionalisierung

Die Farbgestaltung in *„Schicksalsjahre"* spielt eine wichtige Rolle, um Gefühle beim Zuschauer zu erzeugen. So werden Vergangenheit und Gegenwart nicht nur durch dramaturgische, klassische Werkzeuge und Schnitt abgegrenzt, sondern auch durch die farbliche Gestaltung. So erscheint die Gegenwart vor allem in pastellähnlichen Tönen. Ursula trägt ein mintgrünes Kleid und die Farben ihrer Möbel variieren zwischen braun und einem beinahe schmutzigen, verstaubt anmutenden Rot. Die Inszenierung der Gegenwart scheint unter einem gelblichen Farbvorhang hindurch zu scheinen, welcher der Szenerie den Eindruck eines vergilbten, alten Fotos verleiht. Wirft man dahingegen einen Blick in die Vorkriegsszenen von Ursulas Vergangenheit als sie Wolfgang im Varieté kennenlernt, sind die Farben kräftig gewählt und die dominierende Farbe ist ein intensives Rot, was beispielsweise im Bühnenvorhang des Varietés eingesetzt wird oder im Mantel der Ursula

---

[6] „Schicksalsjahre" (2009). Miguel Alexandre.TeamWorx.   00:30:01 – 00:31:09
[7] „Schicksalsjahre" (2009). Miguel Alexandre.TeamWorx.   01:36:31 – 01:36:37
[8] „Schicksalsjahre" (2009). Miguel Alexandre.TeamWorx.   00:02:30
[9] „Schicksalsjahre" (2009). Miguel Alexandre.TeamWorx.   01:38:38

Heye[10]. Insbesondere die erste Rückblende des Kennenlernens erzeugt durch die Rottöne ein Gefühl von Leidenschaft aber gleichzeitig auch Geborgenheit. Das Varieté strahlt eine Wärme aus, die das Publikum anspricht und gleichzeitig ein heimeliges Gefühl erzeugt, dass vielleicht den ein oder anderen sogar an den Mutterleib erinnern mag. Doch auch im weiteren Verlauf der Vergangenheitssequenzen spielt die Farbe Rot eine Rolle. So ist es auffällig, dass Ursula in den glücklichen Tagen mit Wolfgang meistens eine rote Weste oder einen roten Mantel trägt. Dies symbolisiert das Glück und die Leidenschaft des Paares und ist für das Publikum das Signal, dass die Welt in Ordnung zu sein scheint. Auch in der späteren Rückblende in der dem Paar eine Woche voller Unbeschwertheit und Glück beschert ist, trägt Ursula eine rote Weste am Strand. Die Farbe Rot gilt also als Indikator für das „In-Ordnung-Sein" der Welt und die Leidenschaft eines jungen Paares. Als der Krieg als Unglück über das Paar hereinbricht wird aus dem strahlenden rot schleichend ein dunkles, schweres Braun, dass sich gegen Ende der Vergangenheitssequenzen im ersten Teil mit einem dumpfen Grau vermischt und schließlich ganz im graue Eintönigkeit verschwindet. Die Entscheidung, für die Vergangenheit kräftige Farben zu wählen und in der Gegenwart dagegen eher „staubige" und vergilbt anmutende Farben anzuwenden, hat für den Zuschauer eine wichtige Bedeutung für die Emotionalisierung. Die farbliche Gestaltung signalisiert dem Zuschauer unterbewusst, dass die Vergangenheit im Leben der Ursula Heye lebendiger ist, als die Gegenwart, nachdem sie durch den Anruf wieder an die Oberfläche gerufen wurde. Die Gegenwart ist ein Produkt der Vergangenheit, die Ursula zum Erstarren brachte, da sie so viel Leid erfahren musste, dass sie an ihrem jetzigen Leben keine große Freude empfindet und eine Kugel Schokoladeneis das einzige bleibt, dass ihr am Tag ein kaum zu erkennendes Lächeln abringen kann, welches jedoch in Verbindung mit ihrer Einschätzung, dass niemand von ihr hören will, dass es das beste Schokoladeneis ist, eine ganz eigene Tragik entwickelt[11].

Ein weiteres Beispiel für die bewusst eingesetzte Filmgestaltung, um Gefühle und Stimmungen zu erzeugen, ist Ursulas Zeit in Danzig als der Zweite Weltkrieg tobt. Bevor Wolfgang in den Krieg aufbricht überzeugt er Ursula zu ihrer Familie ins kriegsruhige Danzig zu gehen um unbeschadet über die Zeit des Krieges hinweg leben zu können. Also Ursula nun dort ankommt, ist vom Krieg nichts zu spüren. Der Garten steht in einem saftigen Grün und ihre Mutter ist gerade dabei im Garten Gemüse zu ernten[12]. Ursulas altes Zimmer strahlt in der folgenden Szene beinahe golden und wirkt einladend und friedlich[13]. Je mehr

---

[10] „Schicksalsjahre" (2009). Miguel Alexandre.TeamWorx. 00:02:40 – 00:03:48
[11] „Schicksalsjahre" (2009). Miguel Alexandre.TeamWorx. 00:00:39
[12] „Schicksalsjahre" (2009). Miguel Alexandre.TeamWorx. 00:34:04 – 00:34:30
[13] „Schicksalsjahre" (2009). Miguel Alexandre.TeamWorx. 00:34:50 – 00:35:12

Schicksalsschläge Ursula und auch ihre Familie im Krieg erfahren müssen, zum Beispiel die Verhaftung des Vaters oder die Nachricht von der Desertion Wolfgangs, desto freudloser wird die Umgebung im Familienhaus und der Herbst erhält Einzug. Alles verliert an Farbe und versinkt letztendlich in einer Grau in Grau gehaltenen Einheit. Auch der einst fruchtbare Garten beginnt zu verkümmern bis die ganze Familie nur noch eine Hand voll Kartoffeln am Tag zur Verfügung hat[14]. So wird der Krieg, der nur zweimal mit originalem Filmmaterial in Schwarz/Weiß Montagen deutlich gemacht wird [15], ein schleichender, immer präsenter werdender Begleiter, der in Familien eindringt auch wenn sie von der eigentlichen Front weit entfernt sind und so Leid verursacht und das allmähliche Auseinanderbrechen der Familie bedingt. Die Tatsache, dass alle kräftigen Farben in der Vergangenheit mit zunehmendem Kriegsgeschehen und Schicksalsschlägen in Grau verschwinden, ist sicherlich auch durch die heutige Vorstellung vom Zweiten Weltkrieg geprägt. Das Filmmaterial, das uns heute bekannt ist, ist meistens in Schwarz/Weiß und auch wenn wir an diesen Krieg denken, denken wir an ihn in Schwarz/Weiß[16].

5. Musik als Verbindung zur Protagonistin und der Geschichte

In „*Schicksalsjahre*" stehen in der musikalischen Gestaltung drei Lieder im Vordergrund, die in ihrer Platzierung viel über die Lebenssituation der Ursula Heye aussagen und die heute noch so populär sind, dass sie von den meisten Zuschauern erkannt werden und mit den eigenen Emotionen der Zuschauer behaftet sind, die sich im Film in Ursula Heye widerspiegeln sollen, damit die emotionale Einbindung des Publikums funktioniert. Hierzu gehören „Ich tanze mit Dir in den Himmel hinein" von Friedrich Schröder, „Ein Vogelfänger bin ich ja" aus Mozarts „Zauberflöte" und das Soldatenlied „Lilli Marleen" von Lale Andersen. Ersteres symbolisiert die romantische Beziehung zwischen Ursula und Wolfgang, die gleichzeitig auch der Schlüssel ist, der die beiden zusammenführt[17]. Papagenos „Ein Vogelfänger bin ich ja" spielt auf die Unbeschwertheit der Beziehung der beiden an und die Tatsache, dass Wolfgang und Ursula mit seinem Engagement an der Oper eine verheißungsvolle Zukunft bevorsteht, die durch den Krieg aber dann zerstört wird. Auch „Lili Marleen" lässt sich direkt auf die Beziehung der beiden anwenden. Das Lied ist in Zeiten des

---

[14] „Schicksalsjahre" (2009). Miguel Alexandre.TeamWorx.   01:01:20 – 01:01:50
[15] „Schicksalsjahre" (2009). Miguel Alexandre.TeamWorx.   00:33:00 – 00:33:53
[16] Hochscherf, Tobias (Prof. Dr.). Wenn Heino Ferch und Bettina Zimmermann Deutschland retten: Eventfilme und Gründungsmythen im deutschen Fernsehen. Vortragsreihe: Bild-Sprachen. 28.10.2010.
[17] „Schicksalsjahre" (2009). Miguel Alexandre.TeamWorx.   00:07:00 – 00:07:47

Krieges populär geworden, da es die Hoffnung vieler daheimgebliebener Frauen symbolhaft darstellt, die auf ihre Männer warten, die sie schmerzlich vermissen. Gleiches widerfährt Ursula in ihren `Schicksalsjahren`. Liederzu wählen, die den meisten Zuschauern bekannt sein dürften und die auch noch auf die Beziehungskonstellation im Umfeld der Protagonistin schließen lassen, hat einen starken emotionalisierenden Effekt. Zuschauer projizieren eigene Gefühle auf die Situation im Film, was dazu führt, dass eine Bindung zur Protagonistin entsteht, die wiederum die Zuschauer näher am Geschehen teilhaben lässt.

6. Historiendrama oder emotionalisierender Unterhaltungsfilm?

Diese Emotionalisierung durch Nähe zur Protagonistin, die Beeinflussung der Zuschauer durch die farbliche Gestaltung und musikalische Untermalung kann aber nicht als eine wahre Abbildung geschehener Ereignisse im Zweiten Weltkrieg gesehen werden. Der Film benutzt diese Gefühlsmuster und in uns verankerten Gedanken, um eine bestimmte Grundstimmung und Erinnerungen zu erzeugen. Hierzu zählt ebenso auch die Darstellung der Protagonistin durch Maria Furtwängler, da sie ihre Rolle ungewöhnlich stark und menschlich verkörpert, was sie im Endeffekt sehr glaubwürdig wirken lässt und viel zur Emotionalisierung beiträgt, da der Film in großen Teilen von ihrer Darstellung der Ursula Heye getragen wird. Wäre dies nicht der Fall, hätte die Emotionalisierung nicht so stark gegriffen. Die Verschmelzung der eigenen Emotionen der Zuschauer mit denen Ursula Heyes kreiert neue Erinnerungen, die wir real so nie erlebt haben. Alison Landsberg nennt dies *prosthetic memory*[18]. Hier greift nun auch Hochscherfs These aus der Vorlesung *Bild-Sprachen*, dass positive nationale Identität durch solche Filme geschaffen wird und dadurch ein Stück weit Vergangenheits-unterdrückung stattfindet. Der Mensch kreiert sich durch diese Art Filme ein positives Bild des deutschen Volkes im Krieg. Er überlagert also die meist negativ behaftete kollektive Erinnerung mit den gezeigten positiven. Für den Film „Schicksalsjahre" bedeutet die Tatsache, dass er neue Erinnerungen schafft aber nicht, dass es deshalb ein schlechter oder guter Film ist. Es bedeutet lediglich, dass man ihn klar von wahren historischen Begebenheiten als Geschichtszeugnis trennen muss, auch wenn der Film durch die zwei originalen Filmaufnahmen aus dem Krieg, die Tatsache der „Nicht-Historie" verschleiert. Die Sicht auf den Film als Geschichtszeugnis ist fragwürdig, wenn man in Betracht zieht, dass die Grundlage für den Film aus den Erinnerungsaufzeichnungen des Sohnes von Ursula Heye

---

[18] Alison Landsberg. Prosthetic Memory. Total Recall and Blade Runner. In: Bell, David, Barbara M. Kennedy (ed.).The Cybercultures Reader. Routhledge Chapman & Hall. 2006.

basiert, das Grundkonzept also nicht von Ursula Heye selbst stammt. Dennoch liegt in jeder Inszenierung auch immer ein kleiner Funken Wahrheit und auch wenn der Film emotionalisiert und somit den Blick der Zuschauer zu verklären scheint, lässt sich herauslesen, dass der Krieg viele Menschenleben auf die ein oder andere Weise zerstört hat, was sich auch im Einzelschicksal der Ursula Heye und der Familie niederschlägt. So schneidet „Schicksalsjahre" im begrenzten Familien- und Freundeskreis viele Themen an um das Publikum zum Nachdenken anzuregen, wie zum Beispiel die Judenvernichtung, Kunst im Krieg oder Rassenideologie[19]. Die Emotionalisierung ist aber insofern problematisch als das sie dazu neigt, die Sicht auf eine objektive Meinungsbildung und Prozesse, hier im besonderen Geschichtsrekonstruktion, zu verblenden, sodass letztlich fragwürdig bleibt, ob die angeschnittenen Themen von den Zuschauern auch von mehreren Seiten beleuchtet und hinterfragt werden. So bleibt *„Schicksalsjahre"* trotz starker Maria Furtwängler und für eine TeamWorx - Produktion auffallend guter Farbgestaltung, Kameraführung und Schnitt doch nur ein besserer Unterhaltungsfilm für Sonntagabende, der zwar als Historiendrama vermarktet wird, aber nur sehr bedingt geschichtliches Geschehen abbildet. Zum Schluss bleibt noch anzumerken, dass der Film viel gewollt aber nur wenig relativ wenig davon auch erreicht hat. Die Emotionalisierung hat funktioniert, letztendlich basierend auf der überzeugend spielenden Maria Furtwängler, aber das Konzept der Abbildung von erlebter Geschichte, die sich zur Zeit des Zweiten Weltkriegs zugetragen hat, verschwindet dahinter.

---

[19] Thiel, Thomas. Aus dem Leben einer Unentwegten. Faz.net am 13.02.2011.
http://www.faz.net/s/Rub475F682E3FC24868A8A5276D4FB916D7/Doc~EA20409C0580545F6A7B5584A552
65EB9~ATpl~Ecommon~Scontent.html

7. Bibliographie

Alison Landsberg. Prosthetic Memory. Total Recall and Blade Runner. In: Bell, David,
Barbara M. Kennedy (ed.).The Cybercultures Reader. Routhledge Chapman & Hall.
2006.

Hochscherf, Tobias (Prof. Dr.). Wenn Heino Ferch und Bettina Zimmermann Deutschland
retten: Eventfilme und Gründungsmythen im deutschen Fernsehen. Vortragsreihe:
Bild-Sprachen. 28.10.2010.

Pelzer, Elena. Krieg und Chaos, Make-up und Strähnchen. Stern.de am 14.02.2011.
http://www.stern.de/kultur/tv/schicksalsjahre-mit-furtwaengler-krieg-und-chaos-make-
up-und-straehnchen-1653921.html

Thiel, Thomas. Aus dem Leben einer Unentwegten. Faz.net am 13.02.2011.
http://www.faz.net/s/Rub475F682E3FC24868A8A5276D4FB916D7/Doc~EA20409C
0580545F6A7B5584A55265EB9~ATpl~Ecommon~Scontent.html

Von Festenberg, Nikolaus. Von wegen kühl, blond und spröde! Spiegel Online am
12.02.2011. http://www.spiegel.de/kultur/tv/0,1518,744763,00.html

„Schicksalsjahre" (2009). Miguel Alexandre.TeamWorx.